MARIMBA FLAMENCA

Marimba Solo
SU-041

ALICE GOMEZ

ff
20
mf
30
mp

mf
mp
40

50
slightly slower
mf
cantabile
rubato
60

70
Tempo primo
ff
f
ff

80
f
90
ff
fff

Alice Gomez Selected and Graded Percussion Solos and Ensembles

ST795	**Afterthoughts**	grade 5	*4 Mallets, 4 Percussion*	**HL03775619**	**$8.00**
SU128	**Anasazi**	grade 5	*Marimba*	**HL03775948**	**$4.00**
ST964	**Echo Echo**	grade 4	*Percussion Quartet*	**HL03775850**	**$7.50**
ST483	**Etude in d Minor**	grade 4	*Marimba*	**HL03775184**	**$5.50**
SU127	**Fission**	grade 5	*Marimba Duet*	**HL03775947**	**$11.00**
ST794	**Four Folk Dances**	grade 4	*Percussion Duo*	**HL03775618**	**$12.95**
ST505	**Gitano**	grade 4	*Marimba*	**HL03775219**	**$12.95**
ST965CO	**Heartbeat**	grade 5	*Percussion Quartet*	**HL03775851**	**$21.95**
B387	**International Style Etudes, Vol. 1**	grade 3	*Timpani*	**HL03770588**	**$8.95**
B463	**International Style Etudes, Vol. 2**	grade 2	*Timpani*	**HL03770681**	**$13.95**
SSU132	**Mambo Africano**	grade 4	*2 Mallets, 4 Percussion*	**HL03775953**	**$20.00**
SU41	**Marimba Flamenca**	grade 5	*Marimba*	**HL03776319**	**$7.50**
SU034	**Mbira Song**	grade 3	*Marimba*	**HL03776237**	**$7.95**
ST695	**Rain Dance**	grade 4	*Marimba*	**HL03775478**	**$6.95**
ST604	**Rainbows**	grade 4	*4 Mallets*	**HL03775352**	**$15.00**
SU40	**Scenes from Mexico**	grade 4	*Marimba*	**HL03776308**	**$6.00**
ST963	**Solid Rock**	grade 3	Snare Drum	**HL03775849**	**$5.95**
SU428	**Three Concert Pieces**	grade 3	Marimba	**HL03776342**	**$5.00**

SELECTED PERCUSSION MUSIC

PERCUSSION SOLOS

Unaccompanied

Frock, George

B281 **Seven Solo Dances**

Gomez, Alice

SU128 **Anasazi**

ST483 **Etude in d Minor**

ST505 **Gitano**

B387 **International Style Etudes, Vol. 1**

B463 **International Style Etudes, Vol. 2**

SU41 **Marimba Flamenca**

ST695 **Rain Dance**

SU40 **Scenes from Mexico**

SU428 **Three Concert Pieces**

Grimo, Steve

ST606 **Cortege**

Houllif, Murray

B462 **Snare Drum Duets for the Intermediate Player**

Liptak, David

X301006 **Quicksilver Pieces**

For Timothy Adams, Pittsburgh Symphony

Maroni, Joe

B564 **100 Rhythm Etudes for Snare Drum**

Peters, G. David

ST146 **Air and Dance**

Rife, Marilyn

ST903 **Rhythmic Chants**

Schinstine, William J

B289 **Developing Solo Timpanist**

B269 **Four Hands Around, Easy**

ST205 **Sonata No. 1**

ST206 **Sonata No. 2**

ST207 **Sonata No. 3**

B249 **Tymp Tunes**

Schinstine, William J

arr. Charles Rose

SS413 **Tympendium**

Timp: Percussion Music

SS414 **Tympolero**

Schinstine, William J

ed. Charles Rose

B165 **Drumming Together**

Stock, David

X301012 **Strike, Swinging**

Utilizes indefinite pitch percussion including brake drum, timbales, cymbals and a Chinese opera gong.

Ukena, Todd

ST849 **No. 2 Funk**

With Keyboard

Ott, David

X302004 **Percussion Concerto (piano reduction)**

Commissioned by the Terre Haute Symphony

With Large Ensemble - solo part

Dietz, Brett

X301011 **Concerto for Percussion and Symphonic Band**

Among composer and percussionist Brett Dietz's most personal works, this concerto is dedicated to Ann Monaco and is steeped in emotion ranging from the frustation of the mind and the sorrow of death to the joy of love and life.

Lorenz, Ricardo

X301010 **Pataruco: Concerto for Maracas and Orchestra**

The only concerto of its kind, Pataruco showcases the style of maraca playing found only in the folk music of Venezuela and Columbia.

Schiff, David

X301003 **Speaking in Drums: Concerto for Timpani and String Orchestra**

Commissioned by the Minnesota Orchestra and the Richmond (VA) Symphony Orchestra.

PERCUSSION ENSEMBLES

Percussion Duo

Gomez, Alice

SU127 **Fission**

ST794 **Four Folk Dances**

Percussion Quartet

Gerber, Steven

X304002 **Fantasy Quartet**

Stock, David

X304001 **U-Turn for Percussion Quartet**

Premiered by LSU Percussion Ensemble at PASIC convention 2009.

Percussion Quintet

Dietz, Brett

X305002 **Dream Catcher**

Combines traditional African rhythms and Western tonalities, with flexible instrumention that can be customized for different ensembles.